Mi Planificador de Embarazo

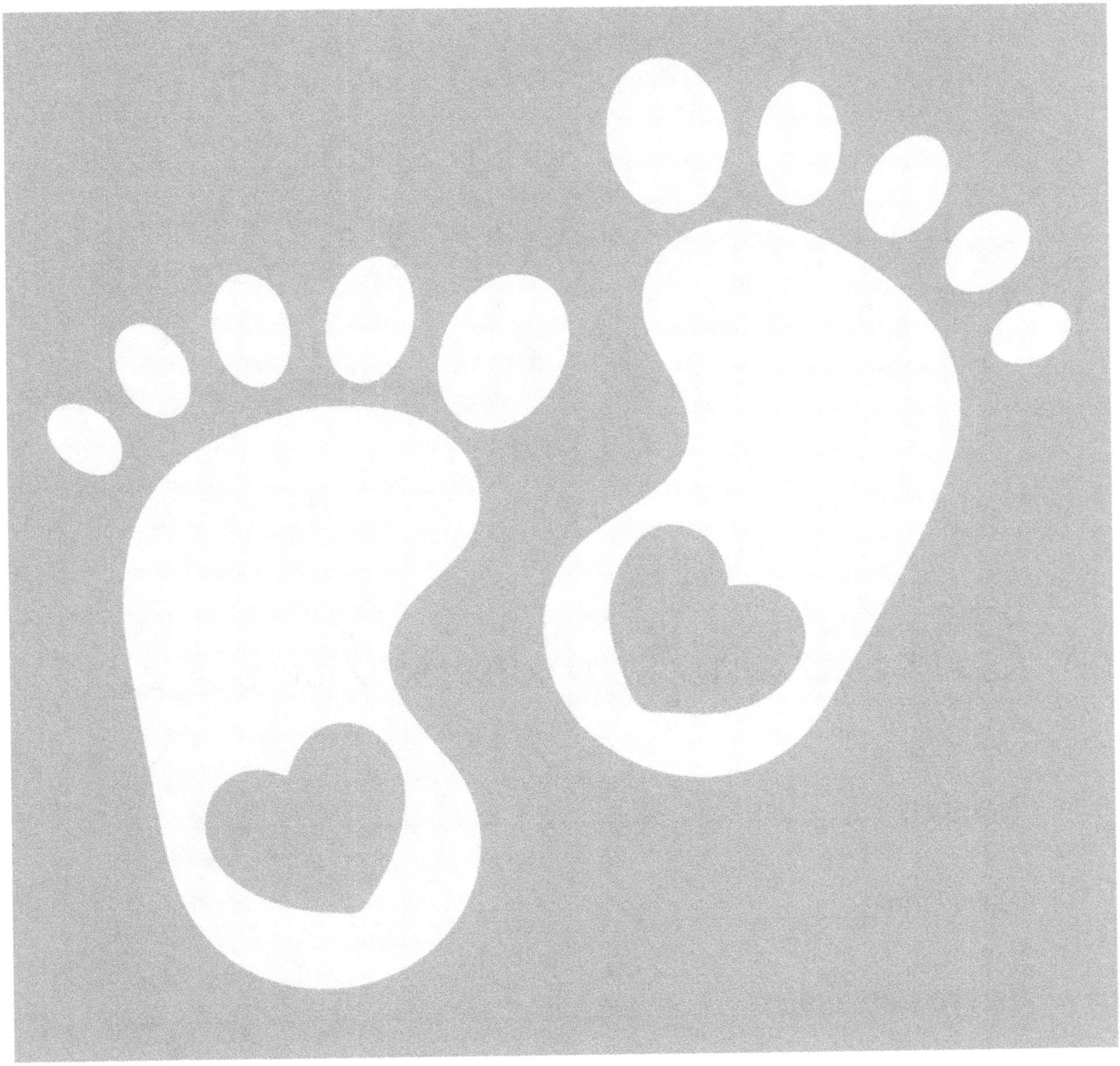

LOADING

Este planificador pertenece a:

Nombre: _____

Dirección: _____

Correo electrónico: _____

Página web: _____

Teléfono: _____

Tengo .... Años

Este es mi .... Embarazo

Estoy Embarazada

La fecha en que lo descubrí:

Cómo revelé el embarazo a mi cónyuge

Reacción del cónyuge

¿A quién se lo dije después?

Registro de citas

Fecha:

Nombre del médico:

Edad de gestación:

Peso:

Tensión arterial:

Altura del fondo de ojo:

Ritmo cardíaco del bebé:

Notas de discusión

Registro de citas

Fecha:

Nombre del médico:

Edad de gestación:

Peso:

Tensión arterial:

Altura del fondo de ojo:

Ritmo cardíaco del bebé:

Notas de discusión

Registro de citas

Fecha:

Nombre del médico:

Edad de gestación:

Peso:

Tensión arterial:

Altura del fondo de ojo:

Ritmo cardíaco del bebé:

Notas de discusión

Registro de citas

Fecha:

Nombre del médico:

Edad de gestación:

Peso:

Tensión arterial:

Altura del fondo de ojo:

Ritmo cardíaco del bebé:

Notas de discusión

Registro de citas

Fecha:

Nombre del médico:

Edad de gestación:

Peso:

Tensión arterial:

Altura del fondo de ojo:

Ritmo cardíaco del bebé:

Notas de discusión

Registro de citas

Fecha:

Nombre del médico:

Edad de gestación:

Peso:

Tensión arterial:

Altura del fondo de ojo:

Ritmo cardíaco del bebé:

Notas de discusión

Registro de citas

Fecha:

Nombre del médico:

Edad de gestación:

Peso:

Tensión arterial:

Altura del fondo de ojo:

Ritmo cardíaco del bebé:

Notas de discusión

Registro de citas

Fecha:

Nombre del médico:

Edad de gestación:

Peso:

Tensión arterial:

Altura del fondo de ojo:

Ritmo cardíaco del bebé:

Notas de discusión

Semana:........................

Fecha:

Peso actual:

El bebé es del tamaño de:

Medida del vientre:

Antojos:

Aversiones:

Síntomas:

Hitos:

¿Qué es lo que me preocupa?

¿Qué me entusiasma?

Mis pensamientos y sentimientos

Planificador de comidas

Lunes

Martes

Miércoles

Jueves

Viernes

Sábado

Domingo

Lista de alimentos

Diario

Semana:........................

Fecha:
....

Peso actual:
....

El bebé es del tamaño de:
....

Medida del vientre:
....

Antojos:

Aversiones:

Síntomas:

Hitos:

¿Qué es lo que me preocupa?

¿Qué me entusiasma?

Mis pensamientos y sentimientos

Planificador de comidas

Lunes

Sábado

Martes

Domingo

Miércoles

Lista de alimentos

Jueves

Viernes

Diario

Semana:...........................

Fecha:

Peso actual:

El bebé es del tamaño de:

Medida del vientre:

Antojos:

Aversiones:

Síntomas:

Hitos:

¿Qué es lo que me preocupa?

¿Qué me entusiasma?

Mis pensamientos y sentimientos

Planificador de comidas

Lunes

Martes

Miércoles

Jueves

Viernes

Sábado

Domingo

Lista de alimentos

Diario

Semana:.....................

Fecha:

Peso actual:

El bebé es del tamaño de:

Medida del vientre:

Antojos:

Aversiones:

Síntomas:

Hitos:

¿Qué es lo que me preocupa?

¿Qué me entusiasma?

Mis pensamientos y sentimientos

Planificador de comidas

Lunes

Martes

Miércoles

Jueves

Viernes

Sábado

Domingo

Lista de alimentos

Diario

Semana:..........................

Fecha: ....

Peso actual: ....

El bebé es del tamaño de: ....

Medida del vientre: ....

Antojos:

Aversiones:

Síntomas:

Hitos:

¿Qué es lo que me preocupa?

¿Qué me entusiasma?

Mis pensamientos y sentimientos

Planificador de comidas

Lunes

Martes

Miércoles

Jueves

Viernes

Sábado

Domingo

Lista de alimentos

Diario

Semana:........................

Fecha: _____

El bebé es del tamaño de: _____

Peso actual: _____

Medida del vientre: _____

Antojos:

Aversiones:

Síntomas:

Hitos:

¿Qué es lo que me preocupa?

¿Qué me entusiasma?

Mis pensamientos y sentimientos

Planificador de comidas

Lunes

Martes

Miércoles

Jueves

Viernes

Sábado

Domingo

Lista de alimentos

Diario

....

....

....

....

....

....

....

....

....

....

....

....

....

....

....

....

....

....

....

....

Semana:.........................

Fecha:

Peso actual:

El bebé es del tamaño de:

Medida del vientre:

Antojos:

Aversiones:

Síntomas:

Hitos:

¿Qué es lo que me preocupa?

¿Qué me entusiasma?

Mis pensamientos y sentimientos

Planificador de comidas

Lunes

Martes

Miércoles

Jueves

Viernes

Sábado

Domingo

Lista de alimentos

Diario

Semana:......................

Fecha:

Peso actual:

El bebé es del tamaño de:

Medida del vientre:

Antojos:

Aversiones:

Síntomas:

Hitos:

¿Qué es lo que me preocupa?

¿Qué me entusiasma?

Mis pensamientos y sentimientos

Planificador de comidas

Lunes

Martes

Miércoles

Jueves

Viernes

Sábado

Domingo

Lista de alimentos

Diario

Semana:..............................

Fecha:

Peso actual:

El bebé es del tamaño de:

Medida del vientre:

Antojos:

Aversiones:

Síntomas:

Hitos:

¿Qué es lo que me preocupa?

¿Qué me entusiasma?

Mis pensamientos y sentimientos

Planificador de comidas

Lunes

Martes

Miércoles

Jueves

Viernes

Sábado

Domingo

Lista de alimentos

Diario

Semana:..........................

Fecha: ....

El bebé es del tamaño de: ....

Peso actual: ....

Medida del vientre: ....

Antojos:

Aversiones:

Síntomas:

Hitos:

¿Qué es lo que me preocupa?

¿Qué me entusiasma?

Mis pensamientos y sentimientos

Planificador de comidas

Lunes

Martes

Miércoles

Jueves

Viernes

Sábado

Domingo

Lista de alimentos

Diario

Semana:...........................

Fecha:

Peso actual:

El bebé es del tamaño de:

Medida del vientre:

Antojos:

Aversiones:

Síntomas:

Hitos:

¿Qué es lo que me preocupa?

¿Qué me entusiasma?

Mis pensamientos y sentimientos

Planificador de comidas

Lunes

Martes

Miércoles

Jueves

Viernes

Sábado

Domingo

Lista de alimentos

Diario

Semana:............................

Fecha:

Peso actual:

El bebé es del tamaño de:

Medida del vientre:

Antojos:

Aversiones:

Síntomas:

Hitos:

¿Qué es lo que me preocupa?

¿Qué me entusiasma?

Mis pensamientos y sentimientos

Planificador de comidas

Lunes

Martes

Miércoles

Jueves

Viernes

Sábado

Domingo

Lista de alimentos

Diario

Semana:........................

Fecha:

Peso actual:

El bebé es del tamaño de:

Medida del vientre:

Antojos:

Aversiones:

Síntomas:

Hitos:

¿Qué es lo que me preocupa?

¿Qué me entusiasma?

Mis pensamientos y sentimientos

Planificador de comidas

Lunes

Martes

Miércoles

Jueves

Viernes

Sábado

Domingo

Lista de alimentos

Diario

Semana:........................

Fecha:

Peso actual:

El bebé es del tamaño de:

Medida del vientre:

Antojos:

Aversiones:

Síntomas:

Hitos:

¿Qué es lo que me preocupa?

¿Qué me entusiasma?

Mis pensamientos y sentimientos

Planificador de comidas

Lunes

Martes

Miércoles

Jueves

Viernes

Sábado

Domingo

Lista de alimentos

Diario

_____

_____

_____

_____

_____

_____

_____

_____

_____

_____

_____

_____

_____

_____

_____

_____

_____

_____

_____

_____

Semana:.........................

Fecha: ....

Peso actual: ....

El bebé es del tamaño de: ....

Medida del vientre: ....

Antojos:

Aversiones:

Síntomas:

Hitos:

¿Qué es lo que me preocupa?

¿Qué me entusiasma?

Mis pensamientos y sentimientos

Planificador de comidas

Lunes

Martes

Miércoles

Jueves

Viernes

Sábado

Domingo

Lista de alimentos

Diario

Semana:..........................

Fecha: ....

El bebé es del tamaño de: ....

Peso actual: ....

Medida del vientre: ....

Antojos:

Aversiones:

Síntomas:

Hitos:

¿Qué es lo que me preocupa?

¿Qué me entusiasma?

Mis pensamientos y sentimientos

Planificador de comidas

Lunes

Martes

Miércoles

Jueves

Viernes

Sábado

Domingo

Lista de alimentos

Diario

Semana:...........................

Fecha: _____

El bebé es del tamaño de: _____

Peso actual: _____

Medida del vientre: _____

Antojos:

Aversiones:

Síntomas:

Hitos:

¿Qué es lo que me preocupa?

¿Qué me entusiasma?

Mis pensamientos y sentimientos

Planificador de comidas

Lunes

Sábado

Martes

Domingo

Miércoles

Lista de alimentos

Jueves

Viernes

Diario

Semana:..........................

Fecha: ....

Peso actual: ....

El bebé es del tamaño de: ....

Medida del vientre: ....

Antojos:

Aversiones:

Síntomas:

Hitos:

¿Qué es lo que me preocupa?

¿Qué me entusiasma?

Mis pensamientos y sentimientos

Planificador de comidas

Lunes

Martes

Miércoles

Jueves

Viernes

Sábado

Domingo

Lista de alimentos

Diario

_____
_____
_____
_____
_____
_____
_____
_____
_____
_____
_____
_____
_____
_____
_____
_____
_____
_____
_____
_____
_____

Semana:.........................

Fecha:

Peso actual:

El bebé es del tamaño de:

Medida del vientre:

Antojos:

Aversiones:

Síntomas:

Hitos:

¿Qué es lo que me preocupa?

¿Qué me entusiasma?

Mis pensamientos y sentimientos

Planificador de comidas

Lunes

Sábado

Martes

Domingo

Miércoles

Lista de alimentos

Jueves

Viernes

Diario

Semana:...........................

Fecha: _____

Peso actual: _____

El bebé es del tamaño de: _____

Medida del vientre: _____

Antojos:

Aversiones:

Síntomas:

Hitos:

¿Qué es lo que me preocupa?

¿Qué me entusiasma?

Mis pensamientos y sentimientos

Planificador de comidas

Lunes

Martes

Miércoles

Jueves

Viernes

Sábado

Domingo

Lista de alimentos

Diario

Semana:......................

Fecha: ....

Peso actual: ....

El bebé es del tamaño de: ....

Medida del vientre: ....

Antojos:

Aversiones:

Síntomas:

Hitos:

¿Qué es lo que me preocupa?

¿Qué me entusiasma?

Mis pensamientos y sentimientos

Planificador de comidas

Lunes

Sábado

Martes

Domingo

Miércoles

Lista de alimentos

Jueves

Viernes

Diario

Semana:...........................

Fecha: ....

Peso actual: ....

El bebé es del tamaño de: ....

Medida del vientre: ....

Antojos:

Aversiones:

Síntomas:

Hitos:

¿Qué es lo que me preocupa?

¿Qué me entusiasma?

Mis pensamientos y sentimientos

Planificador de comidas

Lunes

Martes

Miércoles

Jueves

Viernes

Sábado

Domingo

Lista de alimentos

Diario

_____

_____

_____

_____

_____

_____

_____

_____

_____

_____

_____

_____

_____

_____

_____

_____

_____

_____

_____

_____

Semana:..........................

Fecha:

Peso actual:

El bebé es del tamaño de:

Medida del vientre:

Antojos:

Aversiones:

Síntomas:

Hitos:

¿Qué es lo que me preocupa?

¿Qué me entusiasma?

Mis pensamientos y sentimientos

Planificador de comidas

Lunes

Martes

Miércoles

Jueves

Viernes

Sábado

Domingo

Lista de alimentos

Diario

Semana:..........................

Fecha: _____

El bebé es del tamaño de: _____

Peso actual: _____

Medida del vientre: _____

Antojos:

Aversiones:

Síntomas:

Hitos:

¿Qué es lo que me preocupa?

¿Qué me entusiasma?

Mis pensamientos y sentimientos

Planificador de comidas

Lunes

Sábado

Martes

Domingo

Miércoles

Lista de alimentos

Jueves

Viernes

Diario

Semana:...........................

Fecha:

Peso actual:

El bebé es del tamaño de:

Medida del vientre:

Antojos:

Aversiones:

Síntomas:

Hitos:

¿Qué es lo que me preocupa?

¿Qué me entusiasma?

Mis pensamientos y sentimientos

Planificador de comidas

Lunes

Sábado

Martes

Domingo

Miércoles

Lista de alimentos

Jueves

Viernes

Diario

Semana:..........................

Fecha: _____

El bebé es del tamaño de: _____

Peso actual: _____

Medida del vientre: _____

Antojos:

Aversiones:

Síntomas:

Hitos:

¿Qué es lo que me preocupa?

¿Qué me entusiasma?

Mis pensamientos y sentimientos

Planificador de comidas

Lunes

Martes

Miércoles

Jueves

Viernes

Sábado

Domingo

Lista de alimentos

Diario

Semana:..........................

Fecha:

Peso actual:

El bebé es del tamaño de:

Medida del vientre:

Antojos:

Aversiones:

Síntomas:

Hitos:

¿Qué es lo que me preocupa?

¿Qué me entusiasma?

Mis pensamientos y sentimientos

Planificador de comidas

Lunes

Martes

Miércoles

Jueves

Viernes

Sábado

Domingo

Lista de alimentos

Diario

Semana:.........................

Fecha: ....

Peso actual: ....

El bebé es del tamaño de: ....

Medida del vientre: ....

Antojos:

Aversiones:

Síntomas:

Hitos:

¿Qué es lo que me preocupa?

¿Qué me entusiasma?

Mis pensamientos y sentimientos

Planificador de comidas

Lunes

Martes

Miércoles

Jueves

Viernes

Sábado

Domingo

Lista de alimentos

Diario

_____

_____

_____

_____

_____

_____

_____

_____

_____

_____

_____

_____

_____

_____

_____

_____

_____

_____

_____

Semana:........................

Fecha: | El bebé es del tamaño de:

Peso actual: | Medida del vientre:

Antojos:

Aversiones:

Síntomas:

Hitos:

¿Qué es lo que me preocupa?

¿Qué me entusiasma?

Mis pensamientos y sentimientos

Planificador de comidas

Lunes

Sábado

Martes

Domingo

Miércoles

Lista de alimentos

Jueves

Viernes

Diario

Semana:............................

Fecha:

Peso actual:

El bebé es del tamaño de:

Medida del vientre:

Antojos:

Aversiones:

Síntomas:

Hitos:

¿Qué es lo que me preocupa?

¿Qué me entusiasma?

Mis pensamientos y sentimientos

Planificador de comidas

Lunes

Sábado

Martes

Domingo

Miércoles

Lista de alimentos

Jueves

Viernes

Diario

Semana:.........................

Fecha:

Peso actual:

El bebé es del tamaño de:

Medida del vientre:

Antojos:

Aversiones:

Síntomas:

Hitos:

¿Qué es lo que me preocupa?

¿Qué me entusiasma?

Mis pensamientos y sentimientos

Planificador de comidas

Lunes

Sábado

Martes

Domingo

Miércoles

Lista de alimentos

Jueves

Viernes

Diario

Semana:........................

Fecha:

Peso actual:

El bebé es del tamaño de:

Medida del vientre:

Antojos:

Aversiones:

Síntomas:

Hitos:

¿Qué es lo que me preocupa?

¿Qué me entusiasma?

Mis pensamientos y sentimientos

Planificador de comidas

Lunes

Martes

Miércoles

Jueves

Viernes

Sábado

Domingo

Lista de alimentos

Diario

Semana:........................

Fecha:

Peso actual:

El bebé es del tamaño de:

Medida del vientre:

Antojos:

Aversiones:

Síntomas:

Hitos:

¿Qué es lo que me preocupa?

¿Qué me entusiasma?

Mis pensamientos y sentimientos

Planificador de comidas

Lunes

Martes

Miércoles

Jueves

Viernes

Sábado

Domingo

Lista de alimentos

Diario

Semana:...........................

Fecha: ....

El bebé es del tamaño de: ....

Peso actual: ....

Medida del vientre: ....

Antojos:

Aversiones:

Síntomas:

Hitos:

¿Qué es lo que me preocupa?

¿Qué me entusiasma?

Mis pensamientos y sentimientos

Planificador de comidas

Lunes

Martes

Miércoles

Jueves

Viernes

Sábado

Domingo

Lista de alimentos

Diario

Semana:........................

Fecha:

Peso actual:

El bebé es del tamaño de:

Medida del vientre:

Antojos:

Aversiones:

Síntomas:

Hitos:

¿Qué es lo que me preocupa?

¿Qué me entusiasma?

Mis pensamientos y sentimientos

Planificador de comidas

Lunes

Martes

Miércoles

Jueves

Viernes

Sábado

Domingo

Lista de alimentos

Diario

Semana:............................

Fecha: ....

El bebé es del tamaño de: ....

Peso actual: ....

Medida del vientre: ....

Antojos:

Aversiones:

Síntomas:

Hitos:

¿Qué es lo que me preocupa?

¿Qué me entusiasma?

Mis pensamientos y sentimientos

Planificador de comidas

Lunes

Martes

Miércoles

Jueves

Viernes

Sábado

Domingo

Lista de alimentos

Diario

Primera ecografía del bebé

¡Coloque una foto de la primera ecografía del bebé aquí!

Fecha:....................................

Segunda ecografía del bebé

¡Coloque una foto de la primera ecografía del bebé aquí!

Fecha:...................................

Tercera ecografía del bebé

¡Coloque una foto de la primera ecografía del bebé aquí!

Fecha:....................................

Semana:..............

Coloca una foto tuya,
o fotos de la barriga
¡durante su embarazo aquí!

Fecha:..................................

Semana:................

Coloca una foto tuya,
o fotos de la barriga
¡durante su embarazo aquí!

Fecha:..................................

Semana:..............

Coloca una foto tuya,
o fotos de la barriga
¡durante su embarazo aquí!

Fecha:....................................

Semana:..............

Coloca una foto tuya,
o fotos de la barriga
¡durante su embarazo aquí!

Fecha:....................................

Semana:..............

Coloca una foto tuya,
o fotos de la barriga
¡durante su embarazo aquí!

Fecha:...................................

Semana:...............

Coloca una foto tuya,
o fotos de la barriga
¡durante su embarazo aquí!

Fecha:.....................................

Semana:..............

Coloca una foto tuya,
o fotos de la barriga
¡durante su embarazo aquí!

Fecha:...................................

Semana:.............

Coloca una foto tuya,
o fotos de la barriga
¡durante su embarazo aquí!

Fecha:....................................

Semana:..............

Coloca una foto tuya,
o fotos de la barriga
¡durante su embarazo aquí!

Fecha:....................................

Mi plan para el día del nacimiento

Fecha de entrega:

Nombre: Nombre del socio:

Médico: Hospital:

Método de parto planeado:

Método de parto alternativo:

Notas especiales:

Quiero que estas personas estén presentes durante el parto o nacimiento:

Compañero:

Amigos:

Familiares:

Doula:

Hijos:

Notas

Lista de sugerencias de bolsas de hospital

Si te preguntas qué debes meter en la maleta del hospital para el parto, aquí tienes lo esencial que debes reunir para que no haya prisas de última hora por llenar una maleta entre contracciones.

<u>Lo esencial de la bolsa de hospital:</u>
- Permiso de conducir u otra tarjeta de identificación
- La tarjeta del seguro y los documentos del hospital que hayas rellenado
- Tu plan de parto, si lo tienes (lleva varias copias para dárselas a tu médico y a varias enfermeras)
- Tu teléfono y un cargador
- Un conjunto para que tu bebé se ponga en casa
- Ropa para llevar a casa (piensa en algo holgado, suave y cómodo)
- Una bolsa pequeña para guardar el material del hospital y los regalos que puedas recibir
- Silla de seguridad para el coche del bebé (debe tener el tamaño adecuado para el peso de un recién nacido, y también debe estar correctamente instalada). Unas semanas antes del parto, instala la tuya y hazla inspeccionar por un técnico certificado, que puedes encontrar a través de la Administración Nacional de Seguridad del Tráfico en Carreteras).

<u>Lista de comprobación de la bolsa de hospital para la madre:</u>
<u>Artículos personales</u>
- Corbatas, pinzas o una diadema para mantener el pelo alejado de la cara durante el trabajo.
- Cepillo de dientes, pasta de dientes y enjuague bucal
- Cepillo de pelo, peine
- Gafas, lentes de contacto y suero fisiológico si lleva lentillas
- Loción, bálsamo labial y desodorante
- Toallas higiénicas extra-absorbentes (el hospital te las proporcionará, pero puedes usar la marca con la que te sientas más cómoda)
- Champú, acondicionador, lavado de cara, jabón, gel de ducha, maquillaje y cualquier otra cosa que te haga sentir fresca después del parto
- Aceites o lociones de masaje para el parto, si tienes alguno que quieras llevar contigo

<u>Ropa</u>
- Pares adicionales de ropa interior adecuados para usar con las almohadillas máximas
- Sujetador de lactancia y protectores mamarios para cualquier fuga, en caso de que tengas previsto amamantar;
- Camisón o pijama;
- Albornoz ligero para ponerte si llegan visitas;

Lista de sugerencias de bolsas de hospital

- Calcetines cómodos con suela de agarre o zapatillas
- Cárdigan, forro polar con cremallera o pantalones de chándal en caso de que tengas frío.

Entretenimiento/alimentación

- Bocadillos para comer durante el parto (tus propios bocadillos serán limitados y deben ser aprobados por tu médico; tu pareja debería llevar bocadillos y alimentos nutritivos para no tener que separarse de ti para encontrar algo que comer)
- Bocadillos para después del parto: no cuentes con que el hospital o el centro de partos te los proporcionen en mitad de la noche (piensa en galletas saladas, granola, palitos de zanahoria, manzanas)
- Música o auriculares que se conecten al teléfono
- Diversiones para un parto largo, como una novela jugosa, crucigramas, revistas, una baraja de cartas, un ordenador portátil o juegos electrónicos de mano
- Un libro sobre el cuidado del bebé, como "Qué esperar el primer año" (si tienes espacio para meterlo en la maleta y crees que tendrás ocasión de mirarlo)
- Un libro de recuerdos del bebé para que puedas anotar algunos de los primeros pensamientos y recuerdos

Artículos varios

- Su almohada favorita o una manta ligera para acurrucarse
- Tu kit de almacenamiento de sangre del cordón umbilical, si vas a almacenar la sangre del cordón de tu bebé (si decides almacenar la sangre del cordón de tu bebé en el último momento, puedes pedir a la compañía que te envíe un kit por correo o preguntar en el hospital si hay kits disponibles para ti)
- Cualquier recuerdo que quieras llevar contigo, como fotos familiares
- Tu lista de "a quién llamar" para poder compartir o enviar un mensaje de texto con las buenas noticias
- Una pequeña cesta de golosinas para que el personal la entregue junto con el plan de parto, si lo deseas

Lista de comprobación de la bolsa de hospital para el bebé:

Tu bebé no necesitará mucho más que algo para llevar a casa y su sillita para el coche, pero aquí tienes otros artículos a tener en cuenta, dependiendo del tiempo y del tamaño de tu bolsa:

- Loción para bebés, crema para pañales y uno o dos pañales (aunque el hospital te proporcionará bastantes)
- Ropa de casa, incluyendo calcetines o patucos
- Una manta para recibir al bebé y un par de paños para eructar
- Capas adicionales, como un suéter o un bollo, además de un gorro de punto si hace frío
- Un sombrero con un poco de ala por si hace sol

Lista de sugerencias de bolsas de hospital

<u>Lista de comprobación de la bolsa de hospital para la pareja</u>
El parto puede ser largo y habrá momentos en los que tu pareja no tenga mucho que hacer. Esto es lo que puede ser útil:

<u>Artículos personales:</u>
- Teléfono y un cargador
- Chicle, mentas, bálsamo labial
- Cepillo de dientes, pasta de dientes, desodorante, lentes de contacto de repuesto, gafas y otros artículos de aseo
- Una almohada de viaje o una almohada para la cama en caso de siesta o pernocta

<u>Ropa</u>
- Sudadera o chaqueta para ir rápidamente a la farmacia o a la charcutería
- Una muda de ropa interior y una camisa nueva en caso de que el parto se prolongue
- Pijama en caso de pasar la noche

<u>Entretenimiento/alimentación</u>
- Aperitivos - y más aperitivos, especialmente los que se conservan bien (pretzels, mezcla de frutos secos, barras de granola)
- Billetes pequeños o cambio para las máquinas expendedoras y la cafetería del hospital
- Botella de agua reutilizable u otra bebida (zumo, Gatorade)
- Una cámara fotográfica y/o de vídeo, si tienes una y quieres capturar los primeros recuerdos
- Diversiones, como un libro de bolsillo, un periódico, revistas o un sudoku

Lista de comprobación de la bolsa de hospital

Ideas de nombres para bebés

Nuestras mejores selecciones

Querido bebé

Lista de tareas de la guardería

<u>Una cuna o moisés.</u> Tu bebé necesita un espacio para dormir seguro, plano y firme. No pongas mantas, almohadas, peluches, protectores de cuna, adornos o cualquier otra cosa que no sea una sábana bajera en la cuna con tu bebé. Sin embargo, debajo de la cuna es otra historia, y ése es un buen lugar para guardar cosas.

<u>Un colchón de cuna.</u> Recuerda que también tendrás que comprar un colchón para la cuna. No te registres sólo para la cuna y luego olvides que también necesitarás el colchón. También es bueno tener protectores de colchón impermeables (dos para poder cambiarlos).

<u>Sábanas de cuna.</u> Necesitarás al menos tres sábanas de cuna, ya que a veces hay que cambiar las sábanas más de una vez por noche debido a las regurgitaciones y a las pérdidas de pañales.

<u>Un cambiador y artículos de pañales.</u> Esta es una gran oportunidad para duplicar y poner un cambiador encima de una cómoda u otro lugar de almacenamiento. <u>Necesitarás un carrito</u> (o el cajón superior de una cómoda) para los pañales, las toallitas y la crema para pañales, pero no necesitas un calentador de toallitas. Si necesitas al menos dos fundas para el cambiador.

<u>Una mecedora o un deslizador.</u> Para dar el pecho o el biberón y para acunar al bebé para que se duerma, necesitas un lugar donde puedas sentarte, sobre todo en mitad de la noche. Sin embargo, el reposapiés a juego no es imprescindible. También es muy bueno tener una almohada de lactancia (útil también para la alimentación con leche artificial).

<u>.una cesta.</u> Cuando cambies al bebé de ropa en el cambiador, querrás poder dejar la ropa sucia directamente en una cesta. Querrás uno que no ocupe demasiado espacio en el suelo (piensa en uno alto y estrecho en lugar de uno ancho y corto) y que sea fácil de transportar a la lavadora (o con una bolsa extraíble para ello).

<u>Un cubo para pañales.</u> unto al cambiador, necesitarás un lugar donde tirar los pañales sucios. Lo ideal es algo cubierto y sellado, como un Diaper Genie.

<u>Un vigilabebés.</u> A no ser que estés durmiendo al lado o en la habitación y te sientas seguro de que te despertarán los llantos de tu bebé, hazte con un vigilabebés para que te avise cuando sea el momento de ir a la habitación del bebé para lo que necesite. Un monitor de vídeo no es imprescindible, pero sin duda es muy útil.

<u>Almacenamiento de la ropa.</u> Necesitarás una cómoda o un armario (¡o ambos!) para la ropa de tu bebé.

Lista de tareas de la guardería

Lo que es bueno tener en una guardería:

Un humidificador. Puede que no lo necesites, y muchos bebés se encuentran bien sin él.

Artículos a prueba de bebés. Por supuesto, estos artículos son esenciales en los próximos meses, pero por ahora no tienes que preocuparte por los pestillos o las cubiertas de los pomos de las puertas. Pero si te cuesta pensar en cosas que añadir a tu registro, ¿por qué no empezar ahora con estos artículos?

Pañales extra. Registra algunos pañales de las tallas 1, 2 y 3 para tener una ventaja. Seguro que se usan, y nunca se sabe lo grande que será tu bebé cuando nazca.

Cortinas opacas. Cualquier cortina servirá, pero las cortinas opacas ayudarán a que tu bebé no se despierte con el sol durante la siesta.

Un móvil. Tu bebé se las arreglará bien sin uno, aunque son muy agradables para ayudarle a dormirse.

Lista de tareas de la guardería

Lista de cosas por hacer

Lista de compras

Lista de la Compra para el bebé

Ideas y Notas

Ideas y Notas

Ideas y Notas

Ideas y Notas

Ideas y Notas

Ideas y Notas

¡Muchas gracias!

¡Muchas gracias por probar nuestro Libro Mi Planificador de Embarazo!

¡Nos encantaría saber de ti!

Si te ha parecido un buen libro, por favor apóyanos y deja una reseña.

Si tienes alguna sugerencia o problema con este libro o si quieres probar alguno de nuestros últimos libros por favor, envíanos un correo electrónico.

Envíe un correo electrónico a: pickme.readme@gmail.com

www.ingramcontent.com/pod-product-compliance
Lightning Source LLC
Chambersburg PA
CBHW081330120626
46546CB00011B/3284

* 9 781956 259650 *